Catherine Grabowski

Le journal de Malo

LE PROBLÈME AVEC L'AVENIR

avec les illustrations d'Hélène Badault

À tous les jeunes qui reçoivent trop de conseils
(et à ceux qui n'en reçoivent pas assez)

Unter www.cornelsen.de/webcodes gibt es als Download:
– das Hörbuch zu *Le problème avec l'avenir*
Gib einfach folgenden Webcode ein: **mobeba**.

Une tonne d'idées !

L'avenir pour moi, ce n'est pas un problème. Depuis que je suis tout petit, j'ai une tonne d'idées de métiers. Ils sont tous super intéressants !

À quatre ans, je voulais tout le
5 temps m'amuser et faire la fête.

À sept ans, je voulais être traducteur de films d'action.

À dix ans, je voulais devenir concepteur de jeux vidéo pour
10 inventer un jeu qui remplace l'école.

À 13 ans, j'ai commencé à avoir ma philosophie du monde.

Mais quand, au début de la troisième, on nous a demandé de chercher un stage, je n'ai pas réussi à me décider. J'avais trop d'idées!

- Faire le tour du monde en skate, mettre mes reportages en ligne, et devenir millionnaire.
- Recycler des sapins de Noël, inventer des meubles en bois et en paillettes, être LA star des designers du 21ᵉ siècle.
- Travailler comme touriste professionnel, être tout le temps en vacances, donner des conseils aux touristes du dimanche.
- Travailler dans une usine, écrire un best-seller sur la vie des ouvriers, ne plus jamais travailler.

Alors, à côté de ça, tous les métiers que me conseillaient ma mère, mon beau-père et ma copine Charlotte ne m'intéressaient pas trop.
5 Je ne voulais pas travailler dans une boulangerie, un magasin de vélos ou une entreprise de téléphones portables. Je ne voulais pas non plus devenir architecte, médecin, avocat ou ingénieur. Je voulais faire un truc original, un truc avec de l'action au début et de la gloire à la fin!

Bien sûr, il y avait encore un autre problème. Les endroits où on peut
10 poser sa candidature pour ce style de stage n'existent pas encore.
Il faudrait les inventer. Mais là, avec tout le stress qu'on a en troisième, je n'avais vraiment pas le temps.

Alors, j'ai attendu, attendu, attendu…

Les stages des copains

En novembre, je n'avais pas encore écrit de lettre. En décembre, tout
le monde dans ma classe avait déjà un stage.

Diane veut être journaliste. Elle passe son temps à interviewer et
à photographier les gens. Elle a vraiment du talent pour les portraits !
5 Elle a eu la chance d'obtenir un stage chez Arte ! Il faut dire que son
CV est particulièrement beau, une vraie œuvre d'art ! D'ailleurs, Diane
aussi est super. Elle a un parfum de fruits et de fleurs, et quand je
pense à elle, j'ai encore plus envie de devenir cool, riche et célèbre !

Pour Saïd aussi, ça a été facile.
Il adore faire la cuisine. Il a réussi
à avoir un stage dans un hôtel
4 étoiles! À côté de la cuisine, son
5 autre point fort, c'est la discussion.
Il est capable de discuter des
heures avec tout le monde. Il a
toujours des tonnes d'arguments,
il est doué pour les langues étran-
10 gères* et en plus, il a beaucoup
d'humour. Il est allé dans un hôtel,
l'hôtel l'Européen, près du Parle-
ment européen, il a discuté avec le
patron, et il a eu son stage.

* Il parle français, anglais, allemand
et arabe… et sait même dire trois
mots en alsacien quand il le faut.

15 Charlotte avait déjà trouvé son
stage l'année dernière, je crois.
Charlotte a toujours un an
d'avance pour tout. C'est la
reine de l'organisation. Elle
20 veut être policière. Elle aime
bien aider les gens mais elle
aime bien aussi donner des
ordres. Elle me stresse plus que
ma mère (mais quand même
25 moins que mon beau-père).

Bref, je n'avais pas de stage et j'étais le seul. Normalement, j'aime
bien être différent, mais là, ce n'était plus vraiment cool…

Les conseils de mes parents

En plus, il y a mes parents.
Parler de l'avenir avec eux, c'est
comme prendre une bouée pour
mettre juste un pied dans l'eau.

5 Ma mère est prof, mon beau-père est employé dans un bureau où il
fait des dossiers techniques pour son employeur. Je ne sais même pas
ce que ça veut dire mais je sais que c'est vraiment ennuyeux. Pour
eux, le présent, le passé et l'avenir, c'est la même chose. Ma mère
voudrait que je devienne prof, mon beau-père voudrait que je sois
10 employé. Ils veulent surtout que j'aie un salaire fixe et que je ne rêve
plus de trucs impossibles.

Ça, c'est le point commun entre mes parents, mais il y a aussi des
différences. Ma mère, par exemple, pense toujours que «je pourrais
mieux faire» (c'est une maladie de prof) et que je n'utilise pas assez
15 mes talents. Du coup, elle me regarde souvent comme si elle avait
raté quelque chose.

Oh, Malo, tu es tellement
intelligent, tu pourrais être
le meilleur élève de l'école,
si* tu faisais des efforts!

Si* tu travaillais un peu plus,
Malo, avec tous tes talents, tu
aurais des résultats incroyables!

Si* tu étais un peu plus réaliste,
Malo, toutes les portes de
l'avenir s'ouvriraient pour toi!

* Ma mère est gentille mais
quand elle me fait un
compliment, elle ajoute
toujours un «si», c'est un
peu fatiguant.

Avec mon beau-père, c'est différent. Il me donne toujours plein de conseils. Mais le ton sur lequel il parle transforme ses conseils en ordres. Ce n'est pas très agréable. En plus, toutes ses phrases commencent par « à ta place ».

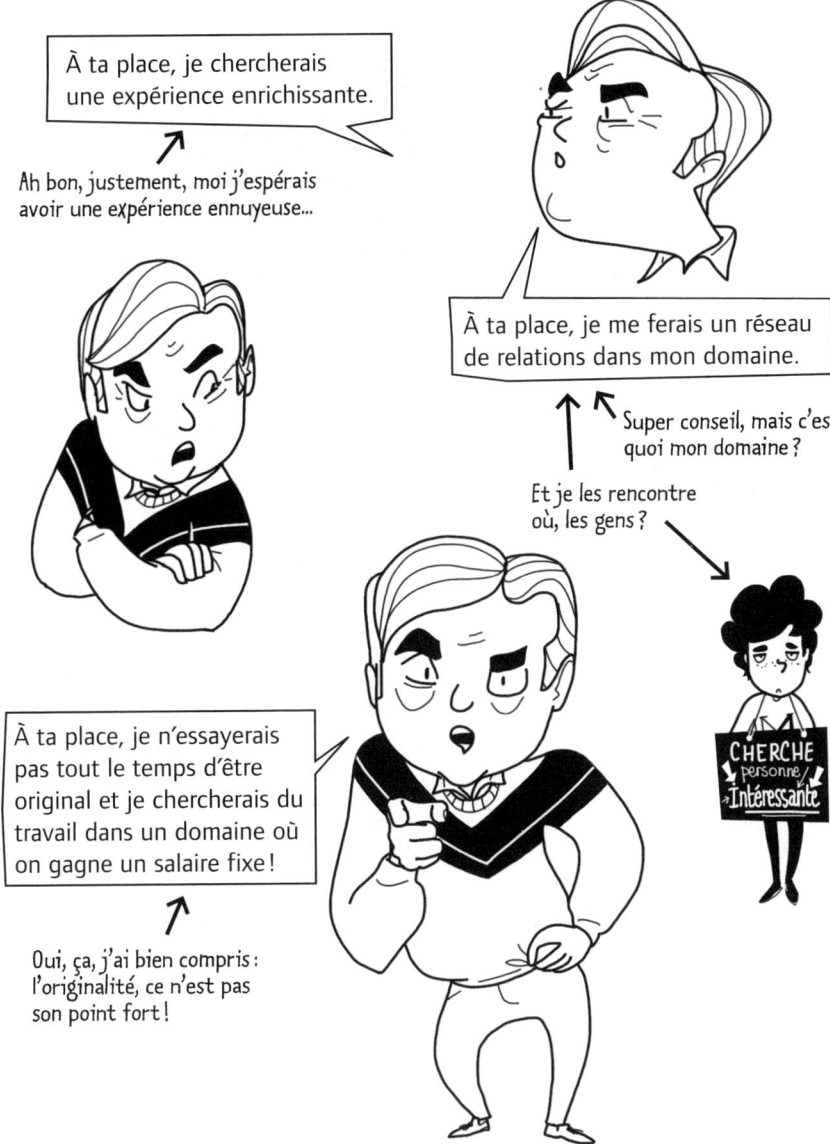

À ta place, je chercherais une expérience enrichissante.

Ah bon, justement, moi j'espérais avoir une expérience ennuyeuse...

À ta place, je me ferais un réseau de relations dans mon domaine.

Super conseil, mais c'est quoi mon domaine ?

Et je les rencontre où, les gens ?

À ta place, je n'essayerais pas tout le temps d'être original et je chercherais du travail dans un domaine où on gagne un salaire fixe !

Oui, ça, j'ai bien compris : l'originalité, ce n'est pas son point fort !

CHERCHE personne Intéressante

L'avis de Charlotte

La troisième personne qui me donne tout le temps des conseils, c'est Charlotte. Je crois qu'elle m'aime bien, mais elle adore aussi se moquer de moi. Elle croit que je rêve trop. Mais je pense qu'elle m'admire aussi un peu…

QUOI!

Le stage commence dans un mois et tu n'as pas encore envoyé de candidatures, Malo? Non, mais j'y crois pas! T'es vraiment grave, toi!

Je vois… Toi, il ne te faut pas un stage en entreprise, il te faut un stage en organisation.

Je te verrais bien fonder une start-up. Si ça te dit, nous pourrions même travailler en équipe… Je serais ton organisatrice en chef!

Malheureusement, cette organisatrice en chef serait aussi une policière en chef…

Zut! Il y a vraiment trop de conseillers autour de moi! Leur aide me déprime. J'en ai marre. J'ai envie de leur dire «Foutez-moi la paix!

5 Laissez-moi ma liberté!»

En même temps, le stage commence le 12 janvier. Et c'est vraiment bientôt.

Le 1er janvier, j'ai décidé de commencer à préparer un dossier.

Le 2 janvier, je suis allé faire des photos d'identité.

10 Le 3 janvier, j'ai essayé d'écrire mon CV. CV, ça veut dire «Curriculum Vitae», mais chez moi, ça pourrait aussi vouloir dire «Catastrophe en Vitrine», «Cauchemar de la Vérité», ou même «Carrément Vide!».

Pour la première fois de ma vie, j'ai eu envie d'être un autre!

Vous avez dit CV ?

J'ai fait des efforts. Ça m'a pris des heures. Chaque fois que j'écrivais un mot, je me posais 10 000 questions.

Malo Jeunet
13 avenue de la lune
67000 Strasbourg

Né le 05.04.2004

Objet : Demande de stage

Formation

Études
Collège Fustel de Coulanges, classe de troisième

Pourquoi est-ce que je n'ai pas fait un stage de langues à l'étranger pendant les vacances d'été ? (Parce que j'ai préféré rester à Strasbourg et jouer à Fortnite avec Saïd !)

Langues
Français langue maternelle, anglais LV1, allemand LV2

Pourquoi est-ce que je n'ai pas voulu faire de stage dans le bureau de mon beau-père ce printemps ? *

* Je sais pourquoi.

Expérience professionnelle

Hobbys
Basket dans un club, Youtube, Instagram, NBA 2K...

Pourquoi est-ce que je n'ai jamais gagné le concours du type génial ?

Pièce jointe
Lettre de motivation

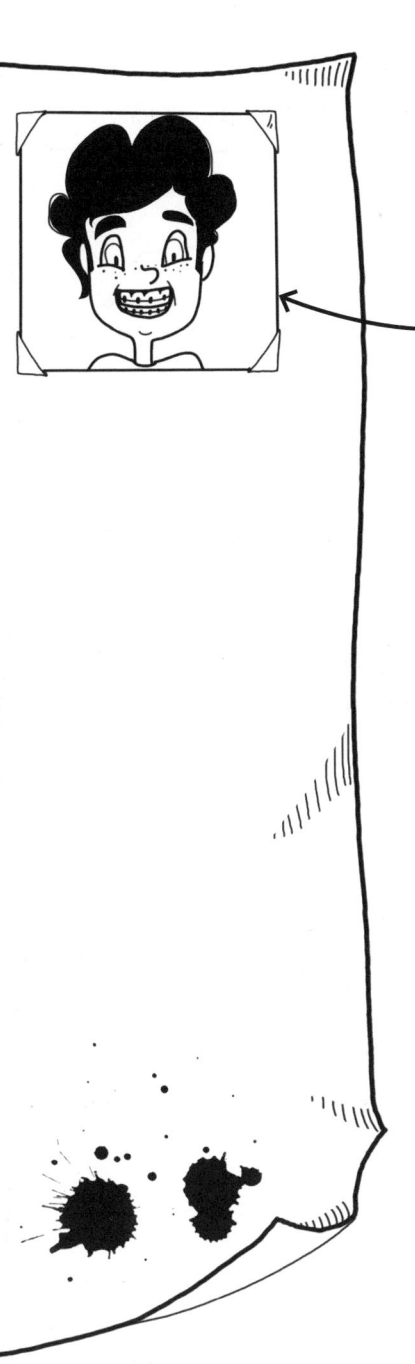

Pourquoi est-ce que je dois encore porter cet appareil horrible ? (Parce que j'ai déplacé trop souvent les rendez-vous chez l'orthodontiste... ☹)

C'était l'horreur. Après trois heures, j'avais l'air d'un zombie. Heureusement, j'avais déjà fait mes photos d'identité ! Je me
5 suis endormi sur mon bureau.

Dans « lettre de motivation », il y a « motivé »

Le 4 janvier, j'ai écrit des lettres de motivation. Enfin... J'ai essayé.
Dans presque toutes les lettres, je disais trop de trucs pas vrais...

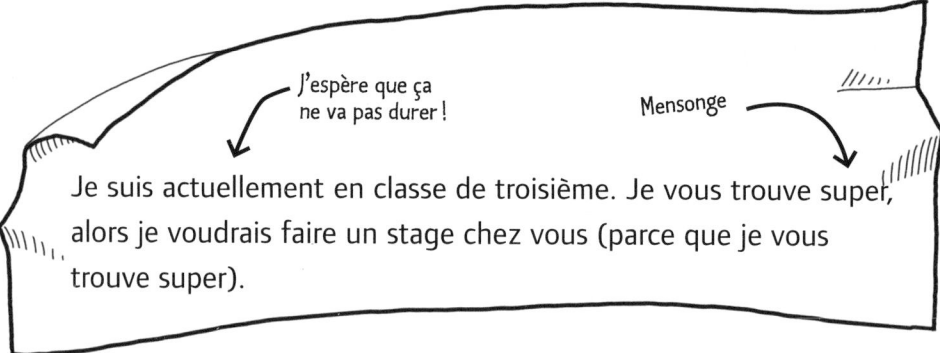

J'espère que ça
ne va pas durer !

Mensonge

Je suis actuellement en classe de troisième. Je vous trouve super,
alors je voudrais faire un stage chez vous (parce que je vous
trouve super).

Double mensonge

Je suis sérieux et flexible.
Je parle français, anglais et allemand (et j'ai un super niveau !).
J'ai des connaissances dans tous les domaines et j'aime le
travail en équipe.

J'exagère vraiment !

Mensonge

Demi-mensonge

Je serais très heureux de faire votre connaissance.

Je suis à votre disposition pour toutes informations
supplémentaires.

Dans l'attente de votre réponse, je vous prie de bien vouloir
recevoir mes salutations respectueuses.

Blablabla

Bonjour, est-ce que vous croyez que je pourrais peut-être, si vous voulez bien me le permettre, faire éventuellement un stage...

Dans certaines lettres, vous n'allez pas le croire, mais j'étais trop timide...

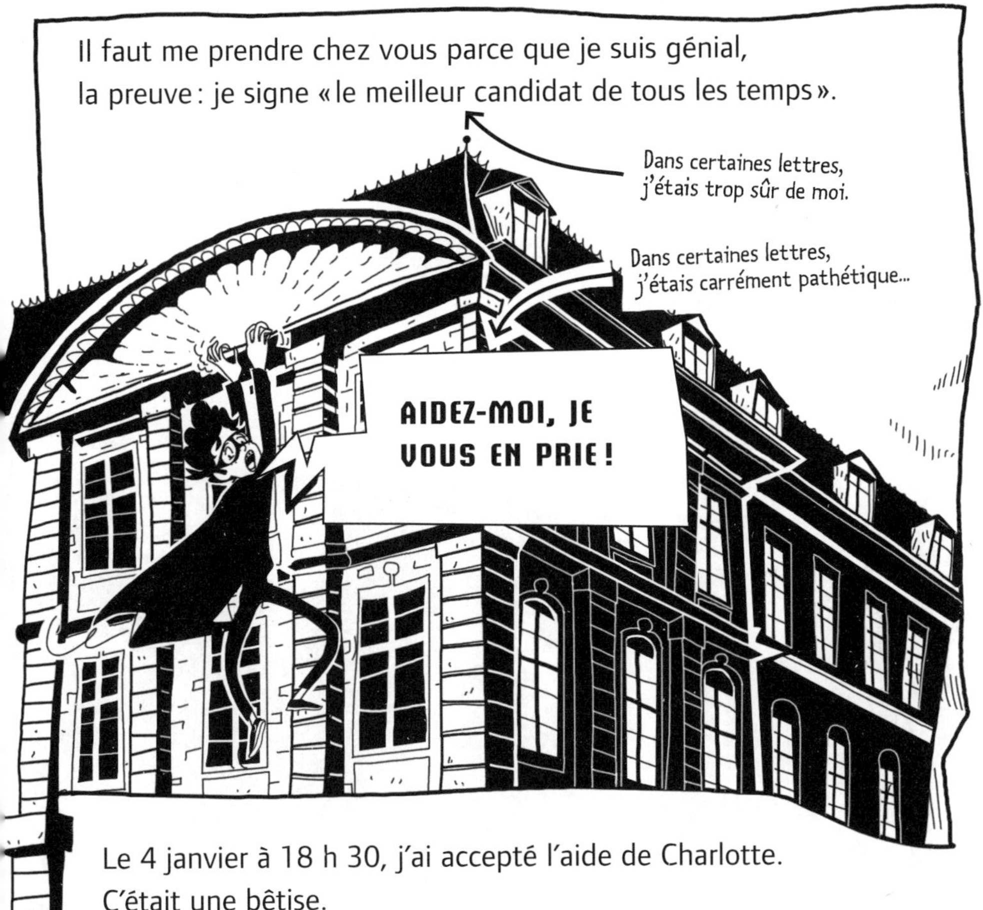

Il faut me prendre chez vous parce que je suis génial, la preuve : je signe « le meilleur candidat de tous les temps ».

Dans certaines lettres, j'étais trop sûr de moi.

Dans certaines lettres, j'étais carrément pathétique...

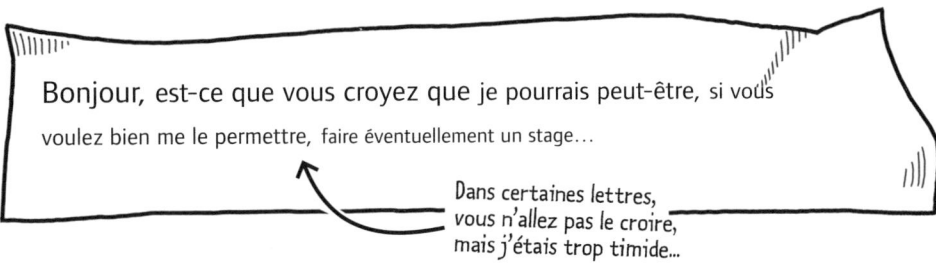

AIDEZ-MOI, JE VOUS EN PRIE !

Le 4 janvier à 18 h 30, j'ai accepté l'aide de Charlotte.
C'était une bêtise.
Si je peux vous donner un conseil : n'écrivez jamais une lettre de motivation avec votre meilleure amie. Après, vous savez tout ce
5 qu'elle pense de vous, vous n'êtes plus sûr que c'est votre meilleure amie et vous n'avez toujours pas atteint votre but :
TROUVER UN STAGE !

Dans « lettre de motivation », il y a « motivé »   13

Le tuyau de Joël

Le 5, je me suis disputé avec mon beau-père. Le 6, ma mère a pani-
qué, et elle a commencé à appeler toutes les personnes qu'elle
connaissait pour leur demander si elles avaient une idée de stage
pour moi. Elle a même appelé Annie, l'ex-femme de mon beau-père
5 (qui a souvent pitié de moi parce qu'elle sait que ce n'est pas facile
d'habiter avec son ex-mari)!
Annie a fait une proposition : «Malo peut venir ranger des cartons
dans le supermarché où je travaille.» Là, j'ai compris qu'il fallait réagir.
J'ai pris mon manteau et j'ai claqué la porte. Il ne faut pas exagérer!

10 J'ai traversé la vieille ville. Partout, je voyais des gens qui avaient l'air
d'avoir un métier intéressant.

Je ne serai même jamais patron d'une entreprise de crêpes et de gaufres !

Mon avenir, c'est de rester chez mes parents jusqu'à 30 ans.

C'était horrible. Je me sentais nul. J'avais l'impression que je ne trouverais jamais de stage, que je ne pourrais jamais gagner d'argent, et que je ne serais jamais indépendant.

Quand je suis arrivé à mon entraînement de basket, j'ai même fait
5 peur à Joël, mon entraîneur :

— Qu'est-ce qu'il y a, Malo, tu es malade ?

Là, j'ai craqué et je lui ai tout raconté : le stage, ma mère, mon beau-père, l'avenir, ma peur de ne pas être capable de trouver ma place dans la société… À la fin, j'ai demandé :

10 — Tu n'as pas un tuyau ?

Joël a 27 ans, il est infirmier pendant la journée et entraîneur de basket le soir. En plus, il est super sympa. Il a réfléchi et il a dit :

— Tu pourrais faire une demande de stage à ma chef. Elle s'appelle Mireille. Elle aime bien râler, mais elle aime aussi aider les gens :

15 elle a peut-être un travail pour toi. C'est quelqu'un de bien. Tiens, je t'envoie ses coordonnées.

Deux secondes plus tard, ça sonnait dans ma poche. Ouf ! Finalement, mon beau-père a raison, il faut avoir un réseau de relations !

L'entretien d'embauche avec Mireille

J'ai appelé tout de suite. D'abord, je suis tombé sur un répondeur qui disait : « Bienvenue aux Magnolias, un instant, s'il vous plaît. »

Ensuite, il y a eu une musique. C'était du Mozart. Ça m'a donné de l'énergie !

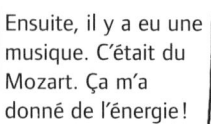

Mais après dix minutes, quand tout à coup, quelqu'un a dit « Allô ? », j'ai juste réussi à dire un truc super nul : « Euh... non... enfin... Mireille ? ».

Heureusement, l'infirmière a compris : « Mireille ? Oui, vous avez de la chance, elle est là... Un instant, s'il vous plaît, je vous la passe. »

Enfin, j'ai entendu une voix pleine d'énergie qui disait : « Bonjour, Mireille Chabrot à l'appareil, qu'est-ce que je peux faire pour vous ? ». Je lui ai expliqué la situation.

Malheureusement, après, il y a encore eu Mozart. J'ai failli baisser les bras. Mais j'ai pensé à ma mère, à mon beau-père et à son ex-femme, et j'ai fait un effort.

Les Magnolias n'était pas un hôpital. Adieu chirurgie, cardiologie, neurologie... Les Magnolias étaient une maison de retraite. Joël ne m'avait pas prévenu. Et il était trop tard pour changer.

J'ai chanté la musique de Mozart sur tout le chemin du retour! À la maison, j'ai regardé sur Internet où se trouvait l'hôpital des Magnolias. Et là, j'ai compris le problème.

Je n'avais pas eu le temps de former la première phrase de ma réponse... Elle avait déjà raccroché... Mais J'AVAIS MON STAGE!

Mais elle a ajouté : «Enfin... Nous avons toujours besoin d'aide. Alors, je suis d'accord... Ce n'est pas la peine d'organiser une rencontre avant le début du stage. Cet entretien suffit. On se voit lundi prochain.»

Ensuite ça a été l'horreur. Mireille a dit : «Quoi! Votre stage commence la semaine prochaine? Hmmm, ce n'est pas sérieux!».

L'entretien d'embauche avec Mireille   17

Jour J, 7 h 25

La journée a mal commencé… J'avais mal dormi et j'étais de mauvaise humeur. D'abord, j'ai passé une demi-heure devant mon armoire. Je ne savais pas quoi mettre. J'étais en train d'essayer la veste que ma mère m'a achetée pour le mariage de mon cousin quand mon télé-
5 phone a sonné. C'était un message de Saïd.

Saïd, 7 h 26

Est-ce que j'ai l'air d'un chef 4 étoiles ?

M 7 h 34

C'est clair ! Tu devrais participer au jeu MasterChef ! ☺

J'ai remis la veste dans l'armoire. Elle est trop élégante et en plus, elle est trop petite…
Un nouveau message est arrivé.

Diane, 7 h 43

Diane, 7 h 43

Vous trouvez que j'ai l'air d'une journaliste ?

C'était Diane. Très jolie. Très pro. Très Arte.

18

Saïd, 7 h 47

Avec cette tête, on va au moins te donner la météo ! ☺

7 h 50

♥

Saïd avait déjà fait une blague, alors je lui ai envoyé un cœur…
Ça faisait joli et ça n'avait pas l'air trop sérieux.
Après, il était déjà 8 h 05 et je ne savais toujours pas quoi mettre.
Je suis retourné à mon armoire. Notre conseillère d'orientation nous a
5 donné plein de conseils pour les vêtements. Elle a dit que c'était
super important ! Mon téléphone a sonné encore une fois. C'était
Charlotte.

Charlotte, 8 h 07

Et voilà, c'est parti !
Les enquêtes vont commencer !

8 h 09

Si j'étais un gangster, je quitterais Strasbourg tout de suite !

En fait, Charlotte est tellement motivée qu'elle serait même capable
d'arrêter des innocents !
10 Je suis retourné à mon armoire. Maintenant, il fallait vraiment partir !
J'ai vite pris un vieux pull. Je ne le mets presque jamais parce que ça
fait ringard. Mais pour ma première journée de stage dans une maison
de retraite, ça allait bien. Les vieux vont sûrement aimer. C'est leur
style.

Premier matin aux Magnolias

Lundi 9 h 05

Je suis arrivé en retard. Le bâtiment était moderne. À l'intérieur, ça ne sentait pas bon. J'ai pensé à Diane. On était loin du parfum de fruits et de fleurs. Qu'est-ce qu'elle dirait si elle me voyait ici ?

5 Je suis passé devant la réception. Il n'y avait personne. Ça commençait bien. Je ne savais pas où aller.

Une grand-mère est venue vers moi. Elle portait une robe rose et un truc bizarre sur la tête. Elle était petite et très jolie. Tout à coup, elle m'a demandé :

Excusez-moi monsieur, c'est par où la plage ?

10 À Strasbourg, nous étions à 600 kilomètres de la mer. Je ne savais pas quoi lui répondre. Mais ce n'était pas grave. Elle n'attendait pas de réponse. Elle m'a fait un petit salut et elle a continué son chemin. J'ai cherché le bureau des infirmières. Il était au premier étage. Quand je suis arrivé, Joël était en train de boire un café avec une femme.

15 C'était Mireille. Et elle râlait.

– Il y a trop de travail ici ! Deux infirmières sont malades et en plus il faut former le stagiaire ! Ça me stresse ! Comment est-ce que tu veux que je m'occupe de lui ?

Joël m'a souri… Il avait l'air de me dire que je ne devais pas m'in-
20 quiéter. Mireille m'a montré une chaise :

– Bon, assieds-toi! Tu veux un café?

– Non merci.

Heureusement, Joël s'est occupé de moi.

– Je termine mon café, et on va faire le tour des chambres pour
apporter les médicaments du matin. Tu vas faire la connaissance de
nos pensionnaires! Tu vas voir, ce sont des personnes incroyables!

Il m'a donné une feuille de papier.

– Tiens! Voilà ton emploi du temps pour la semaine.

Je l'ai lu pendant qu'il terminait son café…

Lundi	Mardi	Mercredi	Jeudi	Vendredi
Découverte des PENSIONNAIRES	Accompagner Rosette Lux chez le coiffeur	Atelier INFORMATIQUE	Balade dans le PARC	Sortie au Musée
Déjeuner	Déjeuner	Déjeuner	Déjeuner	Déjeuner
Découverte des PENSIONNAIRES	ATELIER BRICOLAGE	ATELIER jeux	COIN TV	ATELIER cuisine

Je commençais à comprendre mon rôle aux Magnolias… J'étais un
peu comme un animateur de colonie de vacances, mais la chef était
toujours énervée et les enfants étaient des vieux dont les vacances
ne duraient pas trois semaines mais jusqu'à la mort! Ça promettait!

Les pensionnaires des Magnolias

La dame qui cherchait la plage habite dans la chambre 10. Elle s'appelle Rosette Lux. Elle est très élégante, mais elle vit dans un autre monde. Par exemple, elle trouve ses médicaments très jolis et elle voudrait les utiliser pour faire des bijoux.

Ça fait très élégant, non ?

5 À côté, il y a Brigitte et Josyane. Brigitte et Josyane sont un couple de femmes. Elles sont ensemble depuis 50 ans ! Quand je pense que mes parents ne sont restés qu'un an ensemble ! Brigitte et Josyane adorent les jeux de cartes. Leur première question a été :

Bonjour jeune homme ! Tu sais jouer au poker ?

Dans la chambre numéro 12, il y a Marcel et Irène. Eux aussi, c'est un vieux couple. Mais ils se disputent souvent. Irène est très curieuse et très bavarde. Elle pose tout le temps des questions ou répète ce qu'elle a entendu. Ça énerve Marcel. Heureusement, Marcel est un
5 peu sourd.

> Mireille est passée, mais elle a oublié de fermer la fenêtre.

> Tu devrais mettre un pull, il fait froid !

> Josyane et Brigitte avaient l'air très fatiguées ce matin. Elles ont sûrement encore joué aux cartes toute la nuit ! À leur âge ! Ce n'est pas sérieux !

> Aujourd'hui, il y a de la purée de carotte à midi.

> M.A.R.C.E.L. ! Tu n'aimes pas la purée de carotte ! Tu dois te plaindre !

Quand Marcel n'a plus envie d'écouter Irène, il coupe le son de son appareil auditif et il n'entend plus rien ! C'est pratique. J'aimerais bien faire ça de temps en temps avec ma mère et mon beau-père !
Joël m'a donné beaucoup d'informations :
10 – Les pensionnaires s'ennuient un peu, alors, il faut leur parler, les écouter et leur proposer des ateliers et des balades. Je te fais confiance.
J'ai fait oui avec la tête mais j'avais l'impression que ça allait être très dur et je n'étais pas super motivé.

Un décor de film d'horreur

À midi, j'ai aidé Mireille et Joël à faire le service pendant le déjeuner. La nourriture ne sentait pas bon et les pensionnaires ne parlaient pas beaucoup ensemble, sauf Irène qui racontait tout le temps les mêmes histoires. Mireille râlait :

Ne donne pas trop de viande à Rosette !

Remets de l'eau dans les carafes !

Attention ! Marcel n'a pas le droit de manger de dessert !

5   Après le déjeuner, les pensionnaires sont tous allés faire la sieste. Mireille et Joël travaillaient dans leur bureau. J'étais seul. J'ai visité la maison de retraite.

Les grands couloirs vides me rappelaient un décor de film d'horreur. Je suis passé devant une salle informatique. Cool ! Je ne savais pas
10   qu'il y avait des ordinateurs dans une maison de retraite ! J'ai ouvert la porte, et à ce moment, quelqu'un s'est tourné vers moi.

J'ai eu peur.

Ouf !

C'était seulement
15   Josyane.

Elle a très

vite éteint

l'ordinateur.

J'ai souri mais
20   elle avait l'air

sévère.

Qu'est-ce que tu fais là ? Tu n'as pas de travail ?

Ben non... C'est l'heure de la sieste.

Je me suis senti mal et j'ai quitté rapidement la pièce. Pourquoi est-ce que Josyane m'a parlé comme ça ? Heureusement, quand je suis arrivé devant la chambre 10, j'ai entendu Rosette qui était en train de chanter. Je suis entré. Rosette m'a souri et a continué sa chanson.

5 Chez elle, je me suis senti tout de suite bien !

C'est incroyable : Rosette ne sait plus comment elle s'appelle. Elle ne sait plus ce qu'elle a mangé à midi. Mais elle connaît encore plein de chansons ! Alors, j'ai cherché les paroles sur Internet, et j'ai chanté avec elle. C'était cool.

10 Les chansons étaient très romantiques. Saïd et Charlotte se seraient sans doute moqués de moi, mais j'aurais aimé que Diane soit là.

Dans le fond, Rosette est comme moi : elle invente des histoires et elle croit à ses rêves !

L'après-midi a passé comme cela… C'était assez agréable, mais je me

15 demande ce que je vais faire ici pendant une semaine. Ce n'est vraiment pas l'endroit idéal pour devenir un héros riche et célèbre !

Rendez-vous à l'Orangerie

J'ai quitté les Magnolias à quatre heures, fatigué comme si j'avais
travaillé pendant 24 heures sans dormir. J'ai retrouvé Saïd et Charlotte pour une balade au Parc de l'Orangerie. Diane n'est pas venue,
dommage...

5 Saïd était content. Il venait de faire la connaissance à l'hôtel d'un
couple de clients super sympa. Ils ont un hôtel sur la côte d'Azur et ils
lui ont demandé s'il ne voulait pas venir travailler chez eux cet été. Ils
cherchent des jeunes engagés et motivés comme lui ! Il pourrait avoir
une chambre dans leur hôtel, il aurait le droit d'utiliser la piscine et il
10 gagnerait de l'argent... 850 euros par mois ! Saïd a trop de chance !

Charlotte était un peu déçue. En fait, elle est restée au bureau tout le
temps. Qu'est-ce qu'elle attendait ? Je crois qu'elle aurait voulu arrêter
des gangsters, rendre la liberté à des otages, sauver des réfugiés sur
un bateau... Aujourd'hui, elle a seulement fait la connaissance des
15 policiers du commissariat et lu deux dossiers. Ce n'était pas super
mais ce n'était pas horrible non plus.

J'ai écouté Charlotte et Saïd pendant un moment. À la fin, ils m'ont demandé :

Et toi ?

Ils voulaient que je décrive ma journée. Alors, j'ai raconté que je faisais du baby-sitting avec de grands enfants de 80 ans et plus…
5 J'ai parlé de Rosette, Josyane, Brigitte, Marcel, Irène et bien sûr de Mireille qui râle tout le temps. J'en ai rajouté un peu, et Charlotte et Saïd ont trouvé ça drôle et intéressant. J'ai rigolé avec eux, mais je ne suis pas sûr d'avoir envie d'y retourner demain ! Qu'est-ce que je vais faire encore pendant toute une journée avec mes vieux ?

Un déjeuner animé

Le matin aux Magnolias a été assez ennuyeux. J'ai écouté Irène
pendant un quart d'heure. Après, j'ai accompagné Rosette Lux chez
le coiffeur. Ensuite, j'ai encore écouté Irène pendant dix minutes.
Puis, j'ai rangé les jeux dans la salle de séjour. Quand Irène est entrée,
5 j'ai vite laissé les jeux et j'ai fui pour ne plus écouter ses histoires !
Elle est vraiment trop bavarde. Pauvre Marcel !
Je suis passé devant la salle informatique et j'ai vu que Josyane était
encore là ! J'ai même pu voir son écran pendant un instant.
Ça m'a rappelé mes cours de maths de cinquième. Qu'est-ce qu'elle
10 faisait ? Je n'en sais rien, mais je trouve ça bizarre...

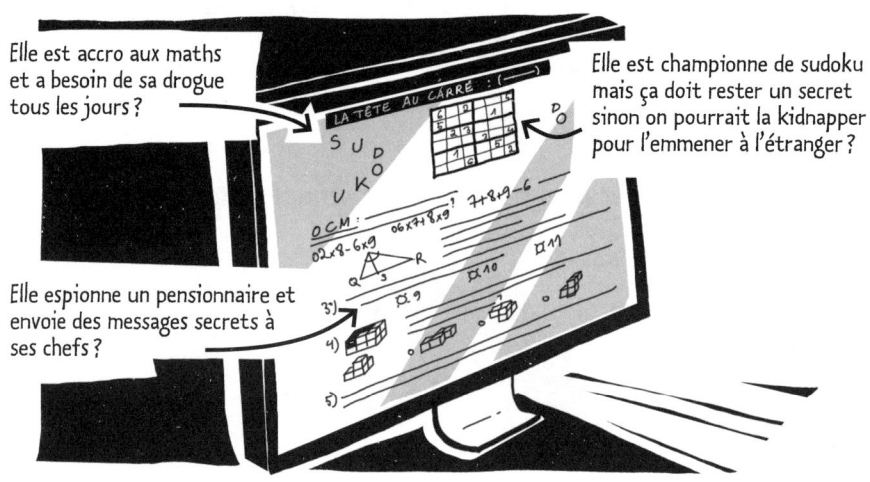

À midi, j'ai aidé Joël à faire le service. Je ne sais pas pourquoi, mais
le déjeuner me déprime vraiment. En plus, c'est bizarre de voir Joël,
mon entraîneur de basket, dans ce nouveau rôle. Tout à coup, j'ai eu
une idée. Je marchais avec un plat dans une main... Au moment où
15 j'ai croisé Joël, j'ai fait semblant de dribbler avec l'autre main. Ensuite,
j'ai fait semblant de lui envoyer le ballon. Il a commencé à dribbler
aussi. On jouait entre les tables et chaque fois qu'on passait devant la
porte du couloir, on mettait un panier. Il faut être créatif dans la vie !

28

Tout à coup l'ambiance a changé. Marcel dansait comme une pom-pom girl. C'est devenu super rigolo! J'étais vraiment devenu un organisateur de fêtes! Malheureusement, Mireille est entrée juste au moment où Rosette Lux me lançait un morceau de melon. Je l'ai
5 attrapé et j'ai crié «Gagné!». Mireille avait l'air sévère, mais elle n'a pas râlé. J'ai même eu l'impression qu'elle avait envie de rigoler. À la fin, Joël m'a fait un check. Quand les pensionnaires ont quitté la salle, ils chantaient «Oléoléolé» et j'avais un peu l'impression d'avoir gagné un match! Ouf! Le déjeuner était beaucoup plus rigolo
10 aujourd'hui qu'hier!

Le bricolage avec Rosette Lux

Après la sieste, j'ai fait un atelier bricolage avec Rosette Lux.
Je trouve qu'elle est vraiment douée pour décorer des objets !
On a utilisé des vieux emballages.

Avec une boîte de camembert sur laquelle on a collé du papier, on a fait deux petits chapeaux. Ça fait joli, non ?

Avec des emballages de paquets de gâteaux sur lesquels on a mis des bouchons de bouteille de coca, on a fait des bracelets.

Je suis sûr que les designers qui ont inventé ces emballages n'ont
5 pas pensé à tout ça !

En tout cas, on s'est bien amusés! Rosette et moi, nous sommes
les rois des recycleurs!
Après, j'ai posté toutes les photos dans le groupe que je partage
avec Saïd, Charlotte et Diane sur les réseaux sociaux.
5 Charlotte et Saïd ont tout de suite envoyé plein de likes, mais Diane
n'a pas réagi… Depuis le début du stage, elle ne lit plus mes messages, elle ne va même plus sur WhatsApp. Je me demande pourquoi!
C'est nul!

Atelier Internet avec Brigitte

On est mercredi! C'est déjà le milieu de la semaine! Tout à coup, je trouve que le stage passe vite! Aujourd'hui, il y avait atelier informatique le matin et atelier jeux l'après-midi. Je me suis demandé si j'allais trouver quelqu'un d'autre que Josyane dans la salle informa-
5 tique et comment elle allait m'accueillir.

Mais quand je suis entré dans la salle, c'est Brigitte que j'ai découverte. Elle n'avait pas allumé l'ordinateur. Elle m'attendait.

Bonjour petit, tu sais utiliser Internet? Tu pourrais m'aider?

Elle m'a montré des photos qu'elle avait dans son sac. C'était les
10 photos d'une maison. Elle voulait que je les mette sur l'ordinateur. Je les ai photographiées avec mon téléphone portable et je les ai envoyées sur mon compte email.
15 Ensuite, je suis allé sur mon compte email et les photos sont apparues sur l'ordinateur. Pour Brigitte, c'était comme si j'avais fait un tour de magie. Elle a applaudi.

20 J'étais content de lui faire plaisir. En même temps, je ne comprenais pas pourquoi elle ne demandait pas à sa copine Josyane qui était une pro des ordinateurs. Mais je n'ai eu pas le temps de lui poser la question. Brigitte a continué:

– On m'a dit qu'il existe un site Internet sur lequel on peut vendre
25 et acheter des trucs. Ça s'appelle *Le Bon Coin*. Tu connais?

– Ma mère vend parfois des vêtements sur *Le Bon Coin*.

Je lui ai montré le site. Ici on trouve tout!

Qu'est-ce que Brigitte voulait acheter? Je lui ai demandé:

– Alors Brigitte, vous voulez dépenser un peu d'argent? Je suis
30 curieux: qu'est-ce qui vous ferait plaisir? Un costume de lion? Une voiture de sport?

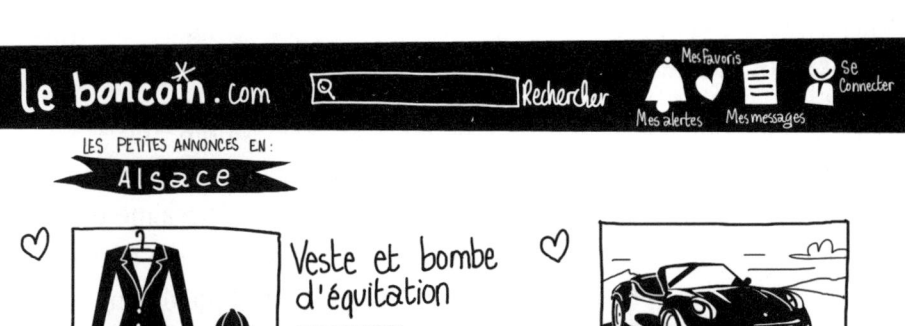

LES PETITES ANNONCES EN :
Alsace

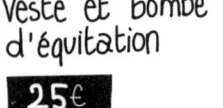 Veste et bombe d'équitation
25€

 Dictionnaire d'espagnol
3€

 Stage d'humoriste de 1 semaine avec JO
120 €

 Voiture de sport
75 000 €

 Costume de lion
12,50€ 3 ans

Elle m'a regardé, étonnée :

– Non, moi, je ne veux pas acheter, je veux vendre ! Je veux vendre
la maison qui est sur la photo ! Tu peux… Comment on dit ? Tu
peux « mettre » les photos de la maison sur *Le Bon Coin* ?

5 Mettre les photos de la maison en ligne n'était pas particulièrement
compliqué. J'ai aidé Brigitte. À la fin, elle était très contente :

– Merci pour ton aide !

– Je vous en prie !

Elle m'a donné un billet de cinq euros « pour mon argent de poche »

10 et a ajouté :

– C'est notre secret, hein ? Personne ne doit le savoir. Surtout pas
Josyane.

J'étais encore plus étonné. Est-ce que j'avais aidé Brigitte à faire une
bêtise ? Est-ce que j'allais avoir des problèmes ?

Cartes sur table

L'après-midi, après la sieste, j'ai joué au poker avec Brigitte et
Josyane. Je n'étais pas très à l'aise. Josyane a toujours l'air un peu
sévère, et elle fait beaucoup de remarques ironiques, je n'aime pas
trop ça. En plus, j'avais peur d'avoir aidé Brigitte à faire une bêtise.
5 Vendre une maison, ce n'est pas rien ! Pourquoi est-ce qu'elle ne
voulait pas en parler à Josyane ? Elles avaient pourtant l'air de très
bien s'entendre…

Du coup, je n'étais pas très concentré sur le jeu de cartes. Il faut dire
que je ne suis pas (encore) le roi du poker… Chaque fois que je
10 faisais une faute, Brigitte et Josyane rigolaient ensemble.
Elles commençaient à m'énerver.

Tout à coup, Josyane a dit :

– Malo, tu n'as pas confiance en toi ! Tu n'es pas capable de bluffer,
   tu es vraiment trop honnête pour le poker !
15 Brigitte a encore rigolé. Josyane exagérait vraiment. Ma réponse est
sortie toute seule.

> Tout le monde ne peut pas
> être doué pour les petits
> secrets comme vous deux !

> Qu'est-ce que
> tu veux dire ?

– Je veux dire qu'on aimerait bien savoir ce que vous faites en salle
   d'informatique pendant la sieste, Josyane. Et vous, Brigitte, vous
   pouvez peut-être raconter à Josyane ce que vous avez fait ce matin
20 avec mon aide ?

34

Elles ont rougi toutes les deux. Il y a eu un silence, et puis Josyane a dit :
– Ok… Je travaille pour un site en ligne qui aide des jeunes élèves à faire des devoirs de maths. Ce n'est pas tout à fait légal mais euh…
5 Je fais ça pour gagner un peu d'argent. La maison de retraite ici coûte cher et je ne suis pas très riche, alors…
Brigitte a souri :
– Oui, et moi, ça m'énervait que Josyane ait toujours des problèmes d'argent.
10 Elle a regardé Josyane et elle a continué :
– Alors, j'ai décidé de vendre ma maison, comme ça, on sera tranquille !
Elle a regardé Josyane et elle a ajouté :
– Je l'ai fait en secret parce que je savais que tu ne serais pas
15 d'accord.
Ensuite, elle m'a expliqué :
– Josyane a toujours voulu être indépendante et n'a jamais voulu que je lui donne de l'argent. Mais la maison est à moi et je peux faire ce que je veux.
20 Josyane et Brigitte étaient touchantes. Je me suis levé. C'était le moment pour moi de laisser mes deux dames de cœur ! D'ailleurs, je n'aime pas trop le poker, je préfère jouer cartes sur table !

Chat avec Charlotte

 Charlotte, 21 h 34

Je fais du café et je
range des documents…
Ce n'est pas particulièrement intéressant !

 21 h 36

Zut !

 Charlotte, 21 h 37

Je crois qu'il y a moins d'action dans mon commissariat que dans ta
maison de retraite !

 21 h 38

Hmm… Je vois.

 Charlotte, 21 h 39

J'en ai marre !

 21 h 50

Mais tu fais un travail important, tu ranges des dossiers, tu classes des
informations… Peut-être qu'un jour ton travail va servir pour arrêter de
dangereux gangsters… ?

 Charlotte, 21 h 52

Je n'en sais rien…

 Charlotte, 21 h 53

Mais je sais que je ne voudrais pas faire cela sept jours sur sept pendant
toute ma vie !

21 h 54

Chez moi, c'est cool.

 21 h 54

Je ne m'ennuie pas du tout.

 21 h 54

Je change tout le temps de métier.

Charlotte, 21 h 56

?

 21 h 57

Oui… je suis organisateur de tournoi de basket paralympique, chanteur de vieilles chansons, psychologue, vendeur de maison, joueur de poker, conseiller conjugal… C'est génial ! Il n'y a pas de stage plus enrichissant que dans une maison de retraite !

Charlotte, 22 h 00

Je rigolais… Je rigolais surtout parce que j'étais content…
Le travail commençait à être vraiment intéressant.

La balade avec Marcel

Ce matin, j'ai fait une balade avec Marcel dans le parc. Il était content de sortir avec moi (sans Irène)! Ça lui fait une pause! Il a tout de suite commencé à me poser des questions sur ma vie.

Marcel est sympa, mais il est un peu comme mon beau-père. Il veut tout le temps me donner des conseils. Et moi, j'ai une allergie aux conseils!

Mais je l'ai écouté… Et tout à coup, j'ai compris un truc. Donner des
5 conseils, c'est toujours un peu parler de soi-même. Les conseils de Marcel, ce sont ses regrets! Quand il me dit ce que je dois faire, il me dit ce qu'il aurait voulu faire!

Les conseils de Marcel, ce ne sont pas des conseils, ce sont des messages secrets sur lui et sur sa vie!

10 Du coup, j'ai repensé à mon beau-père. Et je crois que pour lui, c'est pareil!

Quand il dit «À ta place, je chercherais une expérience enrichissante», il veut dire «J'aurais voulu avoir plus d'expériences enrichissantes quand j'étais jeune.»

15 Quand il dit «À ta place, j'essaierais de me faire un réseau de rela-tions», il veut dire «J'aurais aimé avoir un réseau de relations quand j'avais ton âge.»

Quand il dit «À ta place, je chercherais du travail dans un domaine où on gagne un salaire fixe!», il veut dire «J'aurais aimé être un artiste,
20 mais j'ai eu peur de ne pas gagner assez d'argent.»

À la fin de la balade, c'est moi qui ai donné un conseil à Marcel:
– Couper le son quand Irène vous parle, c'est pratique, mais vous devriez aussi essayer de discuter avec elle!
– Tu as raison, petit. Je vais y réfléchir.

25 Le soir, je suis rentré tôt à la maison. Pour la première fois depuis longtemps, j'avais envie de parler avec mon beau-père.

Le dîner avec mon beau-père

Justement, ma mère était à son cours de yoga, alors j'ai mangé seul
avec mon beau-père. On a un peu discuté. Tout à coup, je lui ai
demandé quels étaient ses rêves quand il était jeune. Et j'ai été
étonné ! Il avait plein de rêves !

Je voulais être indépendant.

Après mon bac, j'ai voulu
ouvrir un petit restaurant
dans un petit village.

Je voulais devenir un chef !
Chef cuisinier et chef
d'entreprise.

Je voulais proposer
des repas bio et des
spécialités régionales.

Mon père était contre. Il m'a dit :
« Ça ne marchera pas ! Tu ne
gagneras pas assez d'argent !
Fais une formation sérieuse ! »

Je n'ai pas eu assez confiance en moi. J'ai baissé les bras. Je suis devenu employé de bureau et cuisinier du dimanche…

En fait, mon beau-père est assez touchant quand il ne se met pas « à la place » des autres. J'ai dit :

– Tu sais, c'est peut-être encore possible… Si ça te dit, je pourrais te montrer une maison à vendre dans un village pas trop loin de
5 Strasbourg. Elle n'est pas chère et je connais la personne qui la vend.

Je lui ai montré les photos de la maison de Brigitte sur l'ordi :

– Regarde, c'est dans les Vosges. Il y a un très joli jardin. Ce serait un bel endroit pour un restaurant de cuisine bio et régionale…
10 Tu pourrais organiser des fêtes pour les vendanges.

Mon beau-père faisait de grands yeux :

– Depuis quand est-ce que tu connais des gens qui vendent des maisons, toi ?

Là, j'ai souri :
15 – Oh tu sais, je me suis fait un petit réseau pendant mon stage. C'est très pratique, les réseaux de relations… À ta place, j'essayerais, il faut y croire !

Puis, j'ai quitté la cuisine pendant qu'il commençait à rêver devant l'ordinateur.
20 Ce qui est bien avec l'avenir, c'est qu'on est toujours au début !

Le compte Instagram de Diane

C'est fou! On est déjà vendredi et mon stage finit aujourd'hui.
C'était vraiment trop rapide!
Pendant l'atelier cuisine, on a fait un gâteau pour fêter mon départ.
D'habitude, je quitte les Magnolias
5 à quatre heures, mais aujourd'hui,
je suis resté plus longtemps.
J'ai fait le service du soir à table
avec Joël (les pensionnaires mangent
à six heures) et ensuite, on a
10 encore joué aux cartes avec Joël,
Josyane et Brigitte jusqu'à
neuf heures! C'était super drôle!
J'aime vraiment bien ces deux femmes.
Quand on a quitté Josyane et Brigitte,
15 tous les autres pensionnaires dormaient déjà.
Joël m'a dit au revoir dans le couloir. Il voulait vite aller dans le
bureau des infirmières pour téléphoner à sa copine. Il est très amou-
reux en ce moment.

Je suis parti. J'étais content parce que la soirée avait été super, mais
20 aussi un peu triste parce que le stage était fini et parce que je pensais
à Diane.
On ne s'est pas parlé depuis le début du stage. Elle ne répond plus
aux messages, elle ne discute pas sur notre chat. Est-ce qu'elle me
trouve trop nul avec mon stage en maison de retraite?
25 En fait si... j'ai des nouvelles, mais c'est par son compte Instagram.
Mais vous croyez qu'elle ferait un petit bonjour aux vieux copains?
Non! Madame n'a pas le temps. On ne l'intéresse plus. On n'est sans
doute pas assez cool pour elle. C'est nul.

Catastrophe chambre 10

J'étais triste. Il était tard. Je suis passé devant la chambre de Rosette Lux. La porte était ouverte. C'était bizarre. Je suis entré. Rosette Lux n'était pas dans son lit. J'ai eu peur. J'ai allumé la lumière et je l'ai trouvée.

5 Elle était par terre, elle ne bougeait plus. Elle était comme une poupée au milieu de nos bricolages. J'ai pris sa main et j'ai senti qu'elle vivait encore. Alors, j'ai couru pour chercher Joël. Dix minutes plus tard, l'ambulance était là. Joël est monté, j'ai voulu le suivre…

Ce n'était pas dans ma convention de stage, mais ça m'était égal.
Nous sommes partis très vite avec le gyrophare. Pendant une
seconde, j'ai pensé à Charlotte qui rêvait de ce style d'actions.
Dans la lumière bleue, Rosette avait encore plus l'air fragile que
d'habitude.

À l'hôpital, j'ai prévenu mes parents. Ils m'ont encouragé sans me
donner de conseils et sans utiliser tout le temps le mot « si ».
Ensuite, j'ai tenu la main de Rosette et je lui ai chanté les chansons
qu'elle connaissait pendant que Joël parlait avec les médecins et
appelait la famille. On lui a fait des examens.
Vers minuit, la porte s'est ouverte tout à coup, et une dame qui était
la fille de Rosette Lux est entrée. Parfum de fruits et de fleurs...
Derrière elle, il y avait Diane ! Diane est la petite-fille de Rosette Lux !
Maintenant, c'était évident ! Les yeux bleus, l'air de poupée, les
talents artistiques... Elles se ressemblaient !
Nous étions quand même super étonnés tous les deux !
Diane est vite allée embrasser sa grand-mère. Rosette Lux a ouvert
les yeux, et elle a souri. Elle allait mieux. Quelle histoire de fous !
Et nous n'avons même pas d'images pour les poster sur Instagram !

Une émission sur les fleurs

Mon stage est fini depuis une semaine, mais je suis retourné aux
Magnolias aujourd'hui. La salle de séjour était pleine. Il y avait
Josyane et Brigitte, Rosette Lux entre Diane et la mère de Diane,
Marcel et Irène, Mireille et Joël, Saïd et Charlotte, et même ma
5 mère et mon beau-père! Mireille a dit:
– Asseyez-vous! Asseyez-vous!
Elle râlait parce qu'il n'y avait pas assez de chaises, pas assez de
tables, pas assez de café, mais en fait, rien ne manquait... Tout le
monde était content. On regardait l'écran. Le reportage a commencé.
10 On a vu Diane avec son chef. Il l'a présentée:
– Voilà Diane Maurer, notre stagiaire, elle a choisi de faire un reportage sur les autres stagiaires de sa classe.
On a vu une fleur. En fait, c'était
une carotte en forme de fleur.
15 Ensuite, on a vu apparaître
un plat, et Saïd a expliqué
la recette.

On a vu une deuxième fleur. C'étaient les géraniums devant
le commissariat. À côté, il y avait Charlotte.

Elle a expliqué son système pour classer les documents. Elle a expliqué pourquoi c'était très important de bien ranger les dossiers. Les informations, dans un commissariat, sont essentielles ! Elles pouvaient permettre d'arrêter de dangereux gangsters ! C'étaient mes phrases,

5 mais Charlotte les disait bien.

On a vu une troisième fleur.
C'était la fleur du chapeau
de Rosette Lux. Rosette souriait
comme toujours, puis j'arrivais.

10 Moi, Malo, je passais pour la première fois à la télé ! J'étais à côté de Rosette et on chantait ensemble une vieille chanson d'amour. Je nous trouvais très bons ! C'était la fin du reportage. Tout le monde a applaudi. Quel succès ! Nous étions des stars ! J'ai atteint mon but ! J'ai fait un truc original avec beaucoup d'action au milieu et de la

15 gloire à la fin !

L'avenir, ce n'est vraiment pas un problème !

Ensuite, on a fait la fête.

Grâce à moi, mon beau-père va acheter la maison de Brigitte dans les Vosges. Ils ont rendez-vous après-demain chez le notaire pour signer ! Brigitte est très contente. Sa maison va devenir un restaurant bio, ça lui plaît !

Grâce à Saïd, les pensionnaires ont eu un très bon repas !
(Je lui ai demandé de s'occuper du buffet.) ☺

Grâce à moi, Josyane va peut-être donner des cours particuliers à des élèves de ma mère...
Et ça sera légal ! ☺

48

Grâce à Rosette, je suis entré dans la famille de Diane !

Qui a dit que j'avais besoin d'un stage en organisation ? Je suis LE ROI de l'organisation !

L'avenir, ce n'est vraiment pas un problème !

Vocabulaire

Verben, die das *passé composé* mit *être* bilden,
sind so gekennzeichnet: (ē).

Symbole und Abkürzungen	
f.	*féminin*/feminin (weiblich)
m.	*masculin*/maskulin (männlich)
pl.	*pluriel*/Plural (Mehrzahl)
qc/etw.	*quelque chose*/etwas
qn/jd/jdn/jdm	*quelqu'un*/jemand/jemanden/jemandem
adj.	*adjectif*/Adjektiv
inf.	Infinitiv
fam.	*familier*/umgangssprachlich

P. 2

une tonne de (extrem) viele

l'organisateur / l'organisatrice
der/die Organisator/in

le film d'action der Actionfilm

remplacer qc etw. ersetzen

le zoo der Zoo

les humains *m. pl.* die Menschen

la philosophie die Philosophie

P. 3

faire le tour (de qc) herumgehen,
einen Rundgang machen (in/um etw.)

le reportage die Reportage

millionnaire *m./f. adj.* millionär

recycler qc etw. recyceln, etw.
wiederverwerten

le sapin de Noël der Weihnachts-
baum, die Tanne

le meuble das Möbelstück

en bois aus Holz

la paillette die Paillette, das Glitzern

le/la designer industriel/le
der/die Produktdesigner/in,
der/die Industriedesigner/in

professionnel/professionnelle *adj.*
beruflich, Berufs-

l'usine *f.* die Fabrik

le best-seller der Best-seller

l'ouvrier / l'ouvrière der/die
Arbeiter/in

**conseiller qc à qn / conseiller à qn
de** + *inf.* jdm etw. raten / jdm raten
etw. zu tun

intéresser qn jdn interessieren

l'architecte *m./f.* der/die
Architekt/in

le/la médecin *m./f.* der Arzt /
die Ärztin

l'avocat / l'avocate der Anwalt /
die Anwältin

l'**ingénieur** / l'**ingénieure** der/die Ingenieur/in

l'**action** *f.* die Aktion

le **début** der Anfang, der Beginn

la **gloire** der Ruhm

P. 4

la **lettre** der Brief

interviewer qn jdn interviewen

photographier qn/qc jdn/etw. fotografieren

avoir du talent Talent haben, talentiert sein

le **portrait** das Porträt

obtenir qc etw. bekommen, etw. erhalten

l'**œuvre d'art** *f.* das Kunstwerk

d'ailleurs übrigens

le **parfum** das Parfüm, der Duft

la **fleur** die Blume

célèbre *m./f. adj.* berühmt

P. 5

réussir à + *inf.* etw. schaffen zu tun, etw. gelingen zu tun

l'**hôtel** *m.* das Hotel

l'**arabe** *m.* Arabisch, die arabische Sprache

l'**alsacien** *m.* das Elsässisch

doué/douée *adj.* begabt

la **langue étrangère** die Fremdsprache

un an d'avance ein Jahr im Voraus

la **reine** die Königin

l'**organisation** *f.* die Organisation

l'**ordre** *m.* der Befehl, *auch:* die Ordnung

P. 6

la **bouée** der Schwimmring

l'**employé** / l'**employée** der/die Angestellte

le **dossier** die Unterlagen, die Akte

technique *m./f. adj.* technisch

pareil/pareille *adj.* gleich

rêver de qc von etw. träumen

impossible *m./f. adj.* unmöglich

le **point commun** die Gemeinsamkeit

la **différence** der Unterschied

la **maladie** die Krankheit

le **talent** das Talent

du coup daraufhin, deshalb

le **compliment** das Kompliment

fatiguant anstrengend

P. 7

le **ton** die Tonart

transformer qn/qc en qc jdn/etw. verändern zu etw., jdn/etw. verwandeln in etw.

l'**expérience** *f.* die Erfahrung

le **réseau de relations** das Netzwerk

l'**originalité** *f.* die Originalität

P. 9

je te verrais bien ich kann mir dich als ... gut vorstellen

le **policier** / la **policière** der/die Polizist/in

le **conseiller** / la **conseillère** der/die Berater/in

déprimer qn jdn entmutigen

Foutez-moi la paix! *fam.* Lasst mich in Ruhe!

la **photo d'identité** das Passfoto

la **vitrine** das Schaufenster, die Vitrine

le **cauchemar** der Albtraum

carrément total, direkt, geradeheraus

P. 10

la **lune** der Mond

l'**objet** *m.* *hier:* der Betreff

la **langue maternelle** die Muttersprache

P. 11

l'**appareil (dentaire)** *m.* die Zahnspange

horrible *m./f. adj.* schrecklich

déplacer un rendez-vous einen Termin verlegen

l'**orthodontiste** *m./f.* der Kieferorthopäde / die Kieferorthopädin

le **zombie** der Zombie

(ê) **s'endormir** einschlafen

P. 12

actuellement zurzeit, gegenwärtig

le **mensonge** die Lüge

le **travail en équipe** die Teamarbeit

être à la disposition de qn jdm zur Verfügung stehen

supplémentaire *m./f. adj.* zusätzlich

Dans l'attente de votre réponse, je vous prie de bien vouloir recevoir mes salutations respectueuses *Grußformel am Ende eines Briefes, entspricht:* Mit freundlichen Grüßen

P. 13

éventuellement eventuell

le **candidat** / la **candidate** der/die Kandidat/in, der/die Bewerber/in

sûr/sûre de moi *adj.* selbstbewusst

Je t'en prie. / Je vous en prie. *hier:* Bitte!, *auch:* (aber) gern, bitte (schön)

pathétique *m./f. adj.* peinlich, lächerlich

atteindre qc etw. erreichen

P. 14

paniquer in Panik geraten

le **carton** die Kiste

le **manteau** der Mantel

claquer la porte die Tür zuschlagen

le **manager** / la **manageuse** der/die Manager/in

P. 15

la **gaufre** die Waffel

l'**impression** *f.* der Eindruck

indépendant/indépendante *adj.* unabhängig

l'**entraînement** *m.* das Training

craquer zusammenbrechen

Tiens! / Tenez! Hier! Nimm! / Nehmen Sie!

les **coordonnées** *f. pl.* die Koordinaten, die Kontaktdaten

la **poche** die Hosentasche

finalement schließlich, letztlich

P. 16

l'**entretien d'embauche** *m.* das Vorstellungsgespräch

critiquer qn/qc jdn/etw. kritisieren

(ê) **tomber sur qn/qc** auf jdn/etw. stoßen

le **répondeur** der Anrufbeantworter

l'**instant** *m.* der Augenblick

l'**énergie** *f.*   die Energie

j'ai failli + *inf.*   ich hätte beinahe etw.
getan

plein de   *hier:* voll, *auch:* viel, viele

P. 17

ce n'est pas la peine de + *inf.*   es ist
nicht nötig, etw. zu tun

puisque   da

suffir   reichen

former qc   etw. formen, bilden

raccrocher   auflegen

la **chirurgie**   die Chirurgie

la **cardiologie**   die Kardiologie

la **neurologie**   die Neurologie

la **maison de retraite**   das Altersheim

P. 18

être de mauvaise humeur   schlecht
gelaunt sein

MasterChef   Kochshow

la **veste**   die Jacke

élégant/élégante *adj.*   elegant

**pro (professionnel/professionnel-
le)** *m./f. adj.*   profi

la **météo**   der Wetterbericht

P. 19

le **cœur**   das Herz

C'est parti !   Los geht's!

en fait   eigentlich, im Grunde
genommen

tellement   so, dermaßen

arrêter qn   jdn festnehmen

l'**innocent** / l'**innocente**   der/die
Unschuldige

ringard/ringarde *adj.*   altmodisch,
peinlich

P. 20

le **bâtiment**   das Gebäude

à l'intérieur   drin

la **réception**   die Rezeption,
der Empfang

le/la **stagiaire** *m./f.*   der/die Prakti-
kant/in

P. 21

Assieds-toi!   Setz dich!

le **tour**   die Tour, die Rundfahrt

le **médicament**   das Medikament

faire la connaissance de qn   jdn
kennenlernen

le/la **pensionnaire** *m./f.*   der
Heiminsasse / die Heiminsassin

le **coiffeur** / la **coiffeuse**   der/die
Friseur/in

le **bricolage**   das Basteln

énervé/énervée *adj.*   gereizt, genervt

Ça promettait!   Das fing ja gut an!

P. 22

le **couple**   das Paar

P. 23

sourd/sourde *adj.*   taub

la **purée de carottes**   das Möhren-
püree

se plaindre de qc   sich über etw.
beklagen

couper le son   den Ton abschalten

l'**appareil auditif** *m.*   das Hörgerät

P. 24

le **décor**   die Kulisse
le **film d'horreur**   der Horrorfilm
sauf   außer
la **viande**   das Fleisch
la **carafe**   die Karaffe (Wasser)
la **sieste**   der Mittagsschlaf
rappeler qc à qn   etw. an jdm erinnern
(e) **se tourner**   sich umdrehen
éteindre qc   etw. ausschalten

P. 25

quitter qn/qc   jdn/etw. verlassen
romantique *m./f. adj.*   romantisch
dans le fond   im Grunde
le **héros** / l'**héroïne**   der/die Held/in

P. 26

dommage   schade
le **client** / la **cliente**   der Kunde / die Kundin
engagé/engagée *adj.*   engagiert
déçu/déçue *adj.*   enttäuscht
arrêter qn   jdn festnehmen
l'**otage** *m./f.*   die Geisel
le **réfugié** / la **réfugiée**   der Flüchtling
le **commissariat**   das Polizeirevier

P. 27

faire du baby-sitting   babysitten

P. 28

l'**écran** *m.*   der Bildschirm
fuir qc   fliehen vor etw.
la **drogue**   die Droge
kidnapper qn   jdn entführen

emmener qn   jdn mitnehmen
croiser qn   jdm begegnen, jdn treffen
faire semblant de + *inf.*   tun als ob
dribbler   dribbeln
le **panier**   *hier:* der Basketballkorb

P. 29

la **pom-pom girl**   die Cheerleaderin
le **melon**   die Melone
attraper qn/qc   jdn/etw. fangen
sévère *m./f. adj.*   streng
faire un check   mit jdm abklatschen

P. 30

l'**emballage** *m.*   die Verpackung
la **boîte**   die Verpackung, die Kiste
le **camembert**   französischer Käse
coller qc   etw. (an-)kleben
le **chapeau** / les **chapeaux**   der Hut
le **bracelet**   das Armband

P. 31

les **lunettes** *f. pl.*   die Brille
le **recycleur** / la **recycleuse**   der/die Recycler/in

P. 32

le **milieu**   die Mitte
accueillir qn   jdn empfangen
allumer qc   etw. einschalten
le **compte email**   der Email Account
(e) **apparaître**   erscheinen
le **tour de magie**   der Zaubertrick
faire plaisir à qn   jdm einen Gefallen tun
le **site**   die Webseite

le **costume**   das Kostüm, die Verkleidung

le **lion**   der Löwe

P. 33

le **dictionnaire**   das Wörterbuch

l'**espagnol** *m.*   Spanisch

l'**humoriste** *m./f.*   der/die Humorist/in, der/die Comedian

l'**argent de poche** *m.*   das Taschengeld

la **bêtise**   die Dummheit, der Unsinn

P. 34

être à l'aise   sich wohlfühlen

la **remarque**   die Bemerkung

ironique *m./f. adj.*   ironisch

(ē) **s'entendre**   sich (gut) verstehen

concentré/concentrée *adj.*   konzentriert

bluffer   bluffen

honnête *m./f. adj.*   ehrlich, aufrichtig

P. 35

rougir   rot werden

légal/légale *adj.*   legal

ajouter qc   etw. hinzufügen

jouer cartes sur table   Farbe bekennen

P. 36

classer qc   etw. sortieren

sept jours sur sept   sieben Tage die Woche

P. 37

le/la **psychologue** *m./f.*   der/die Psychologe

le **conseiller conjugal** / la **conseillère conjugale**   der/die Eheberater/in

P. 38

(ē) **se marier**   heiraten

P. 39

soi-même   (sich) selbst

le **regret**   das Bedauern

P. 40

le **bac**, le **baccalauréat**   das Abi, das Abitur

régional/régionale/régionaux *adj.*   regional

le **cuisinier** / la **cuisinière**   der Koch / die Köchin

P. 41

les **vendanges** *f. pl.*   die Weinlese

P. 42

C'est fou.   Das ist verrückt.

P. 43

l'**agriculture** *f.*   die Landwirtschaft

scientifique *m./f. adj.*   wissenschaftlich

l'**intelligence** *f.*   die Intelligenz

P. 44

la **lumière**   das Licht

par terre   auf dem Boden

la **poupée**   die Puppe

l'**ambulance** *f.*   der Krankenwagen

P. 45

la **convention de stage**   die Prakti-
kumsvereinbarung

le **gyrophare**   das Blaulicht

fragile *m./f. adj.*   schwach, zerbrech-
lich

l'**examen** *m.*   die ärztliche Unter-
suchung, *auch:* die Prüfung

évident/évidente *adj.*   eindeutig

artistique *m./f. adj.*   künstlerisch

ressembler à qn/qc   jdm/etw.
ähneln

P. 46

Asseyez-vous!   Setzen Sie sich!

manquer   fehlen

le **géranium**   die Geranie

P. 47

le **système**   das System

essentiel/essentielle *adj.*   notwendig

P. 48

grâce à qn/qc   dank jdm/etw.

le/la **notaire** *m./f.*   der/die Notar/in

signer qc   etw. unterschreiben

le **cours particulier**   der Nachhilfe-
unterricht